Impressum
Verlag: BABADADA GmbH, Nedderfeld 112 , 22529 Hamburg
Geschäftsführer / Verlagsleitung: Harald Hof
Druck: Books on Demand GmbH, In de Tarpen 42, 22848 Norderstedt

Imprint
Publisher: BABADADA GmbH, Nedderfeld 112 , 22529 Hamburg, Germany
Managing Director / Publishing direction: Harald Hof
Print: Books on Demand GmbH, In de Tarpen 42, 22848 Norderstedt

Schuel
l'école

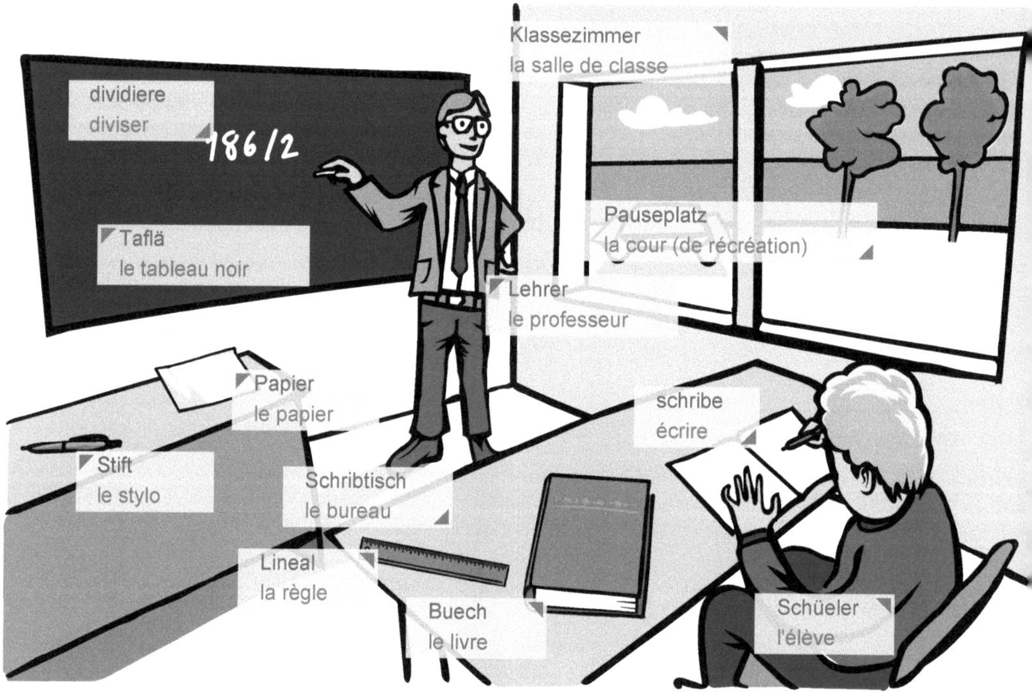

Klassezimmer
la salle de classe
dividiere
diviser
186/2
Taflä
le tableau noir
Pauseplatz
la cour (de récréation)
Lehrer
le professeur
Papier
le papier
schribe
écrire
Stift
le stylo
Schribtisch
le bureau
Lineal
la règle
Buech
le livre
Schüeler
l'élève

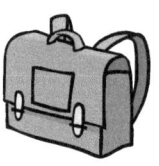

Thek
le cartable

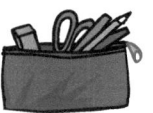

Etui
la trousse

Bleistift
le crayon

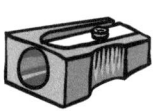

Spitzer
le taille-crayon

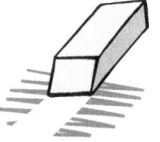

Radiergummi
la gomme

Zeicheblock
le carnet à dessin

Zeichnig
....
le dessin

Pinsel
....
le pinceau

Malchaschte
....
la boîte de peinture

Schär
....
les ciseaux

Liim
....
la colle

Üebigsheft
....
le cahier d'exercices

Huusufgabe
....
les devoirs

Zahl
....
le chiffre

2+2

addiere
....
additionner

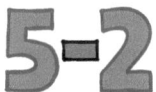

subtrahiere
....
soustraire

multipliziere
....
multiplier

rächne
....
calculer

Buechstabe
....
la lettre

ABCDEFG
HIJKLMN
OPQRSTU
VWXYZ

Alphabet
....
l'alphabet

Wort
....
le mot

Text

le texte

läse

lire

Kriide

la craie

Lektion

la leçon

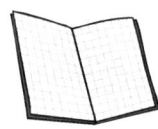

Klassäbuech

le livre de classe

Prüefig

l'examen

Zügnis

le certificat

Schueluniform

l'uniforme scolaire

Usbildig

la formation

Enzyklopädie

le lexique

Universität

l'université

Mikroskop

le microscope

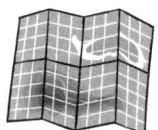

Charte

la carte

Papierchorb

la corbeille à papier

Reis
le voyage

Hotel
l'hôtel
Grand
Härbärg
l'auberge
ROOMS
Wächselstube
le bureau de change
EXCHANGE
Koffer
la valise
Auto
la voiture

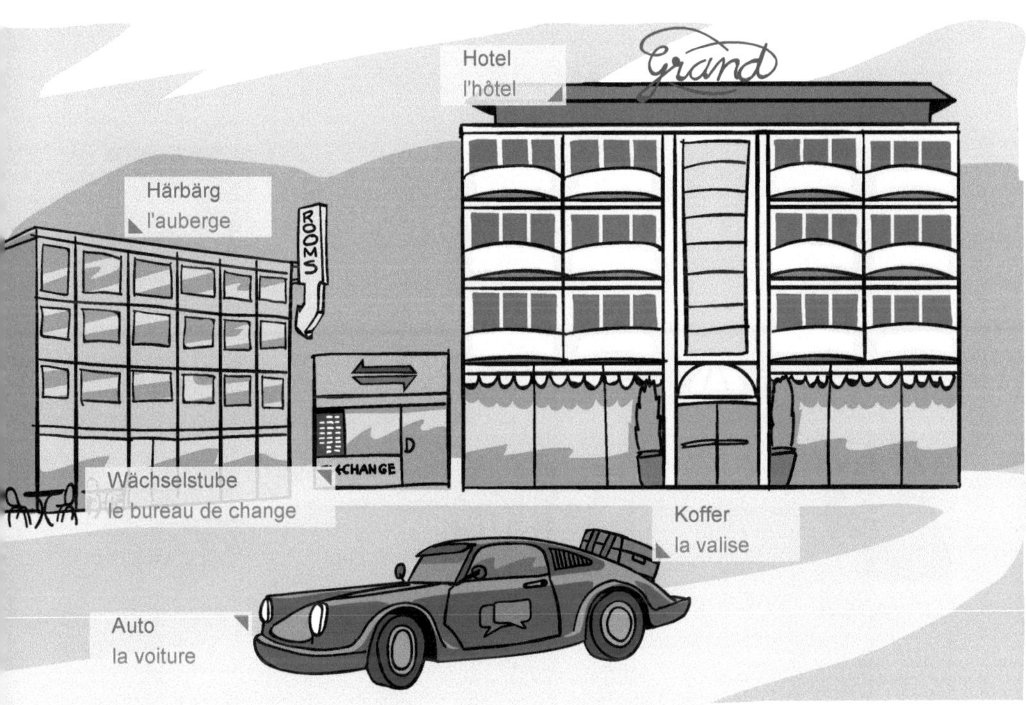

Sprach
la langue

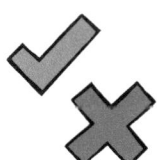

jo / nei
oui / non

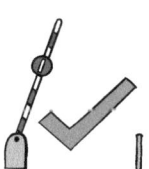

okay
d'accord

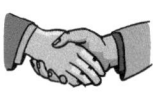

Hallo
Salut

Dolmetscher
l'interprète

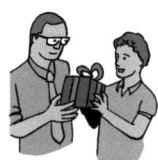

Dankä
merci

Was chostet…?

Combien coûte…?

Ich vrstahs nöd

Je ne comprends pas

Problem

le problème

Guete Abig!

Bonsoir !

guete Morgä!

Bonjour !

guete Abig!

Bonne nuit !

Uf Wiederseh

Au revoir

Richtig

la direction

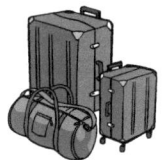

Bagaasch

les bagages

Täsche

le sac

Rucksack

le sac-à-dos

Gast

l'hôte

Ruum

la pièce

Schlafsack

le sac de couchage

Zält

la tente

Touristeninformation

l'office de tourisme

Strand

la plage

Kreditkarte

la carte de crédit

Zmorge

le petit-déjeuner

Zmittag

le déjeuner

Znacht

le dîner

Billet

le billet

Ufzug

l'ascenseur

Briefmarke

le timbre

Gränze

la frontière

Zoll

la douane

Botschaft

l'ambassade

Visum

le visa

Pass

le passeport

Transport
le transport

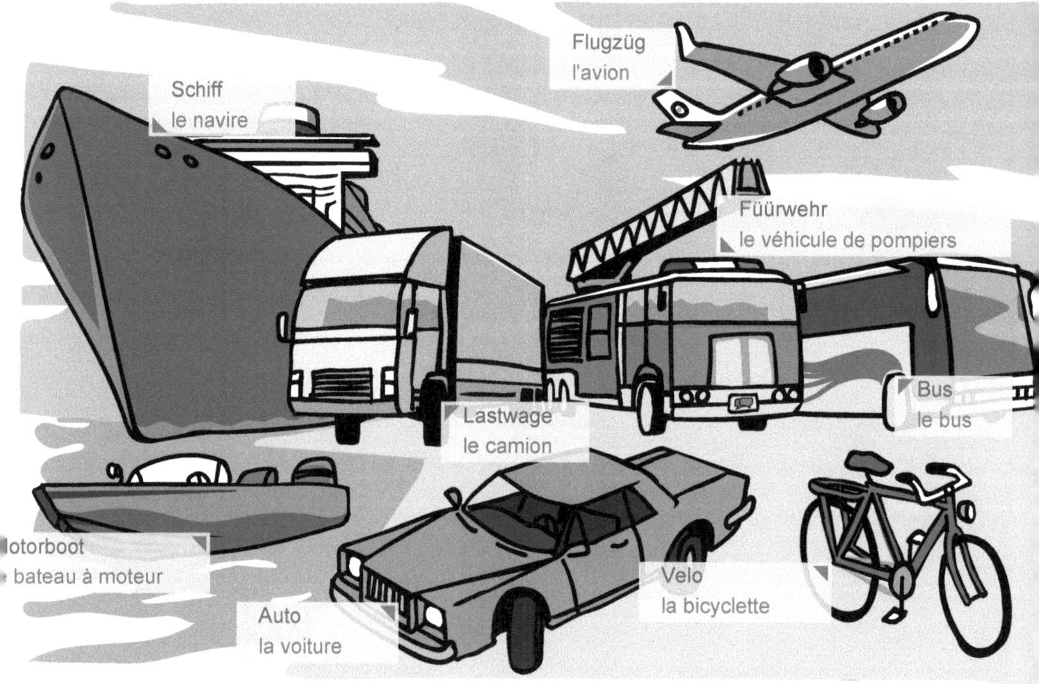

Flugzüg
l'avion

Schiff
le navire

Füürwehr
le véhicule de pompiers

Bus
le bus

Lastwage
le camion

Motorboot
bateau à moteur

Velo
la bicyclette

Auto
la voiture

Fähri

le ferry

Boot

la barque

Töff

la moto

Polizeiauto

la voiture de police

Rännauto

la voiture de course

Mietwage

la voiture de location

Carsharing

l'auto-partage

Abschleppwage

la voiture de remorquage

Chübelwage

la benne à ordures

Motor

le moteur

Benzin

l'essence

Tankstell

la station d'essence

Verkehrsschild

le panneau indicateur

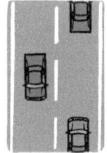

Verchehr

le trafic

Stau

l'embouteillage

Parkplatz

le parking

Bahnhof

la gare

Schiene

les rails

Zug

le train

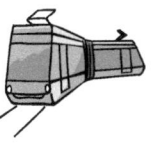

Strassebahn

le tramway

Wagon

le wagon

Helikopter

l'hélicoptère

Flughafe

l'aéroport

Tower

la tour

Passagier

le passager

Container

le conteneur

Karton

le carton

Chare

le chariot

Korb

la corbeille

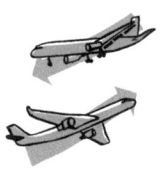

starte / lande

décoller / atterrir

Stadt

la ville

Dorf

le village

Stadtzentrum

le centre-ville

Huus

la maison

Kino
le cinéma

Werbig
la publicité

Latärne
le réverbère

CINEMA

Strass
la rue

Taxi
le taxi

Kiosk
le kiosque

Fuessgänger
le piéton

Trottoir
le trottoir

Zebrastreife
le passage piéton

Chübel
la poubelle

Chrüzig
le carrefour

Amplä
les feux de circulation

Hütte

la cabane

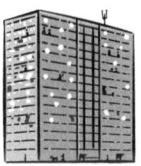

Wohnig

l'appartement

Bahnhof

la gare

Gmeindshuus

la mairie

Museum

le musée

Schuel

l'école

Universität

l'université

Bank

la banque

Spital

l'hôpital

Hotel

l'hôtel

Apotheke

la pharmacie

Büro

le bureau

Buechgschäft

la librairie

Gschäft

le magasin

Bluemelade

le fleuriste

Läbensmittellade

le supermarché

Märt

le marché

Chaufhuus

le grand magasin

Fischhändler

la poissonnerie

Iihkaufszentrum

le centre commercial

Hafe

le port

Park
....
le parc

Bank
....
la banque

Brugg
....
le pont

Stäge
....
les escaliers

U-Bahn
....
le métro

Tunnell
....
le tunnel

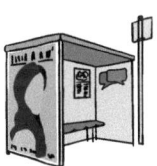

Bushaltestell
....
l'arrêt de bus

Bar
....
le bar

Restaurant
....
le restaurant

Briefchastä
....
la boîte à lettres

Strasseschild
....
le panneau indicateur

Parkuhr
....
le parcmètre

Zolli
....
le zoo

Badi
....
le réverbère

Moschee
....
la mosquée

Buurehof

la ferme

Umwältvrschmutzig

la pollution

Fridhof

la cimetière

Chile

l'église

Spielplatz

l'aire de jeux

Tämpel

le temple

Landschaft
le paysage

Blatt
la feuille

Wägwiiser
le panneau indicateur

Wäg
le chemin

Wise
le pré

Stei
la pierre

Baum
l'arbre

Wanderer
le randonneur

Fluss
la rivière

Gras
l'herbe

Bluamä
la fleur

Tal

la vallée

Bärg

la montagne

See

le lac

Wald

la forêt

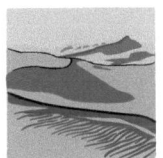

Wüeschti

le désert

Vulkan

le volcan

Schloss

le château

Rägeboge

l'arc-en-ciel

Pilz

le champignon

Palme

le palmier

Moskito

le moustique

Fliege

la mouche

Ameise

les fourmis

Biendli

l'abeille

Spinne

l'araignée

Chäfer

le coléoptère

Frosch

la grenouille

Eichhörnli

l'écureuil

Igel

le hérisson

Haas

le lièvre

Üle

la chouette

Vogu

l'oiseau

Schwan

le cygne

Wildschwein

le sanglier

Hirsch

le cerf

Elch

l'élan

Damm

le barrage

Windturbine

l'éolienne

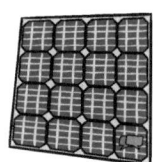

Sunnekollektor

le panneau solaire

Klima

le climat

Restaurant
le restaurant

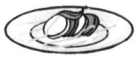

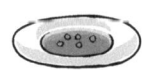

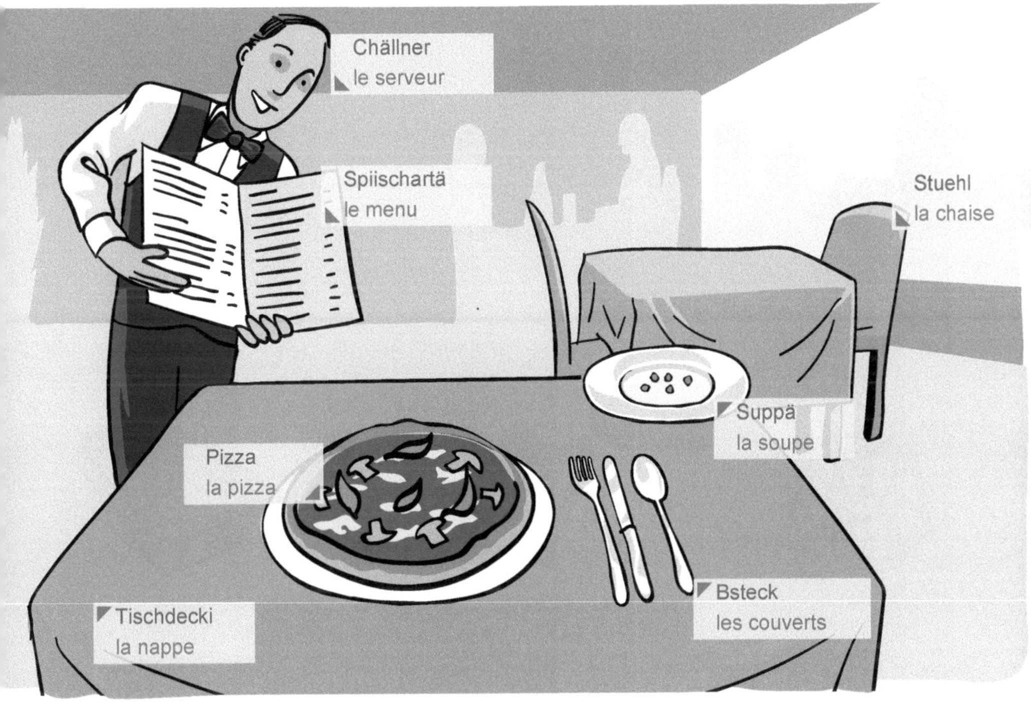

Chällner
le serveur
Spiischartä
le menu
Stuehl
la chaise
Suppä
la soupe
Pizza
la pizza
Bsteck
les couverts
Tischdecki
la nappe

Vorspiies
....
les hors d'œuvre

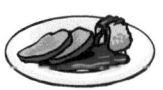

Hauptgricht
....
le plat principal

Dessert
....
le dessert

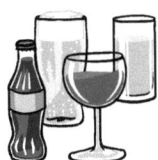

Getränk
....
les boissons

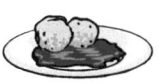

Läbensmittel
....
l'alimentation

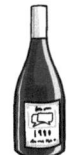

Fläsche
....
la bouteille

Fast Food
le fast-food

Street Food
les plats à emporter

Teechanne
la théière

Zuckerdosä
le sucrier

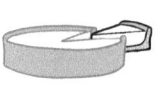

Portion
la portion

Espressomaschine
la machine à expresso

Hochstuehl
la chaise haute

Rächnig
la facture

Tablett
le plateau

Mässer
le couteau

Gable
la fourchette

Löffel
la cuillère

Teelöffel
la cuillère à thé

Serviette
la serviette

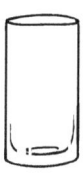

Glas
le verre

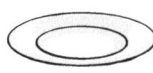

Täller

l'assiette

Suppetällär

l'assiette à soupe

Untertasse

la soucoupe

Sose

la sauce

Salzstreuer

la salière

Pfäffermühli

le moulin à poivre

Essig

le vinaigre

Öl

l'huile

Gwürz

les épices

Ketchup

le ketchup

Sänf

la moutarde

Mayonnaise

la mayonnaise

Läbensmittellade
le supermarché

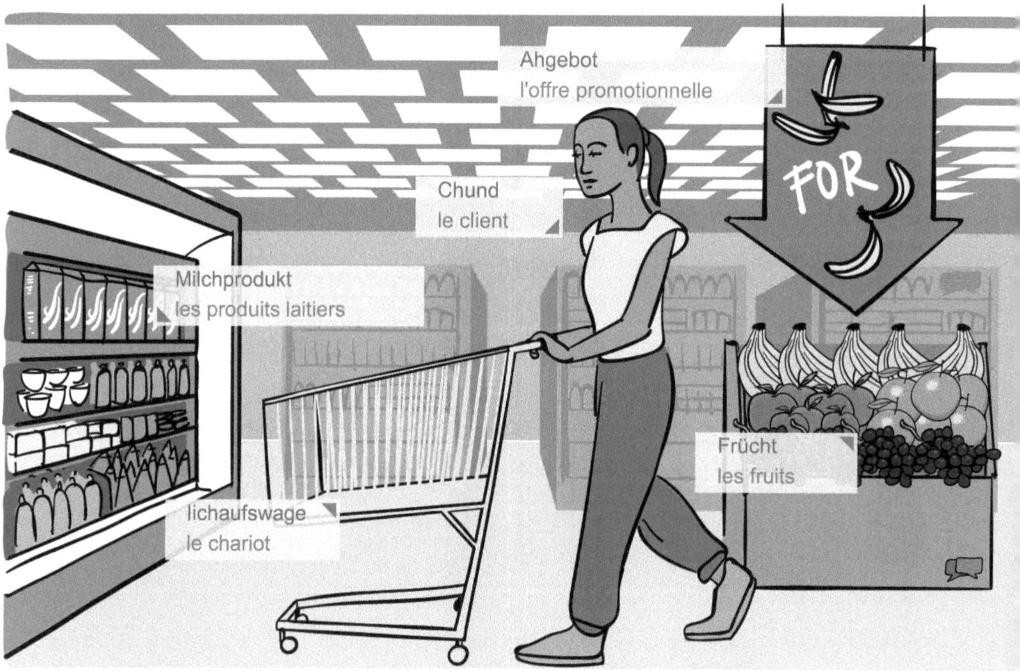

Ahgebot
l'offre promotionnelle

Chund
le client

Milchprodukt
les produits laitiers

Frücht
les fruits

lichaufswage
le chariot

FOR

Schlachter	Beck	wiege
la boucherie	la boulangerie	peser
	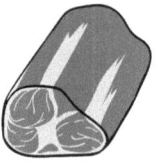	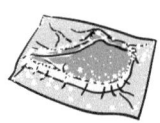
Gmües	Fleisch	Tiefkühlprodukt
les légumes	la viande	les aliments surgelés

Banane

la banane

Öpfel

la pomme

Orange

l'orange

Melone

le melon

Zitrone

le citron.

Rüebli

la carotte

Chnoobli

l'ail

Bambus

le bambou

Zwiblä

l'oignon

Pilz

le champignon

Nüss

les noisettes

Nudle

les pâtes

Spaghetti

les spaghetti

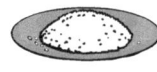

Riis

le riz

Salat

la salade

Pommfrit

les pommes frites

Bratherdöpfel

les pommes de terre rôties

Pizza

la pizza

Hamburgär

le hamburger

Sandwich

le sandwich

Gotlett

l'escalope

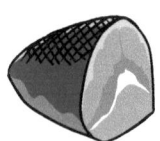

Schinkä

le jambon

Salami

le salami

Würschtli

la saucisse

Huehn

le poulet

Bratä

le rôti

Fisch

le poisson

Haferflocke

les flocons d'avoine

Müesli

le muesli

Cornflakes

les cornflakes

Mähl

la farine

Gipfeli

le croissant

Brötli

les petits-pains

Brot

le pain

Toscht

le pain grillé

Guetzli

les biscuits

Butter

le beurre

Quark

le fromage blanc

Chueche

le gâteau

Ei

l'œuf

Spiegelei

l'œuf au plat

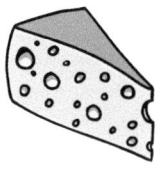

Chäs

le fromage

Glace

la glace

Zucker

le sucre

Honig

le miel

Gonfi

la confiture

Nougat-Creme

la crème nougat

Curry

le curry

Buurehof
la ferme

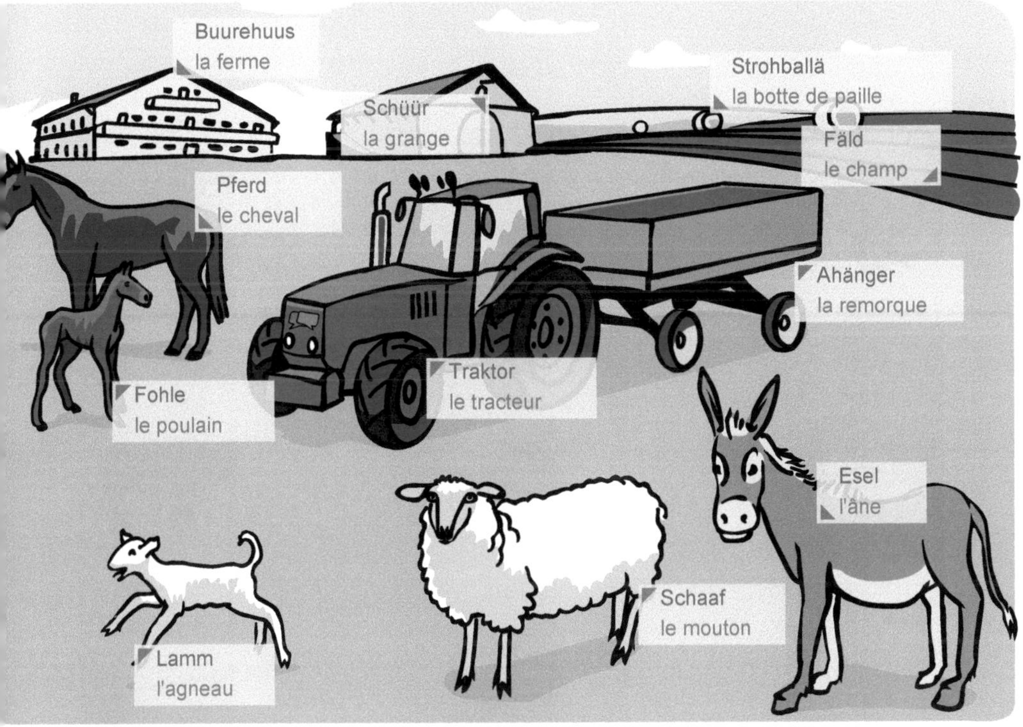

Buurehuus
la ferme
Schüür
la grange
Strohballä
la botte de paille
Fäld
le champ
Pferd
le cheval
Ahänger
la remorque
Traktor
le tracteur
Fohle
le poulain
Esel
l'âne
Schaaf
le mouton
Lamm
l'agneau

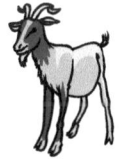

Geiss
....
la chèvre

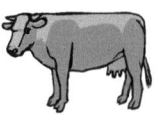

Chueh
....
la vache

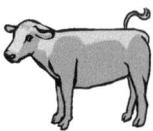

Chalb
....
le veau

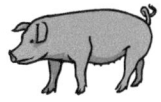

Sau
....
le porc

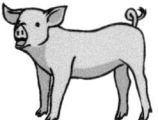

Ferkel
....
le porcelet

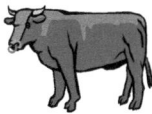

Rind
....
le taureau

Gans

l'oie

Änte

le canard

Küke

le poussin

Huähn

la poule

Güggel

le coq

Ratte

le rat

Chatz

le chat

Muus

la souris

Ochse

le bœuf

Hund

le chien

Hundehütte

le chenil

Garteschluuch

le tuyau de jardin

Giesschanne

l'arrosoir

Sägese

la faucheuse

Pflueg

la charrue

Sichel

la faucille

Hacke

la pioche

Heugable

la fourche

Axt

la hache

Garette

la brouette

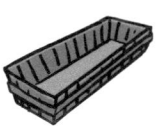

Trog

la cuve

Milchchanne

le pot à lait

Sack

le sac

Haag

la clôture

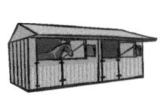

Gadä

l'étable

Gwächshuus

le serre

Bode

le sol

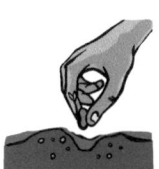

Soome

les semences

Dünger

l'engrais

Mähdrescher

la moissonneuse-batteuse

ärnte
....
récolter

Ärnte
....
la récolte

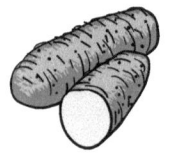

Yamswurzle
....
l'igname

Weize
....
le blé

Soja
....
le soja

Härdöpfel
....
la pomme de terre

Mais
....
le maïs

Raps
....
le colza

Obstbaum
....
l'arbre fruitier

Maniok
....
le manioc

Getreide
....
les céréales

Huus

la maison

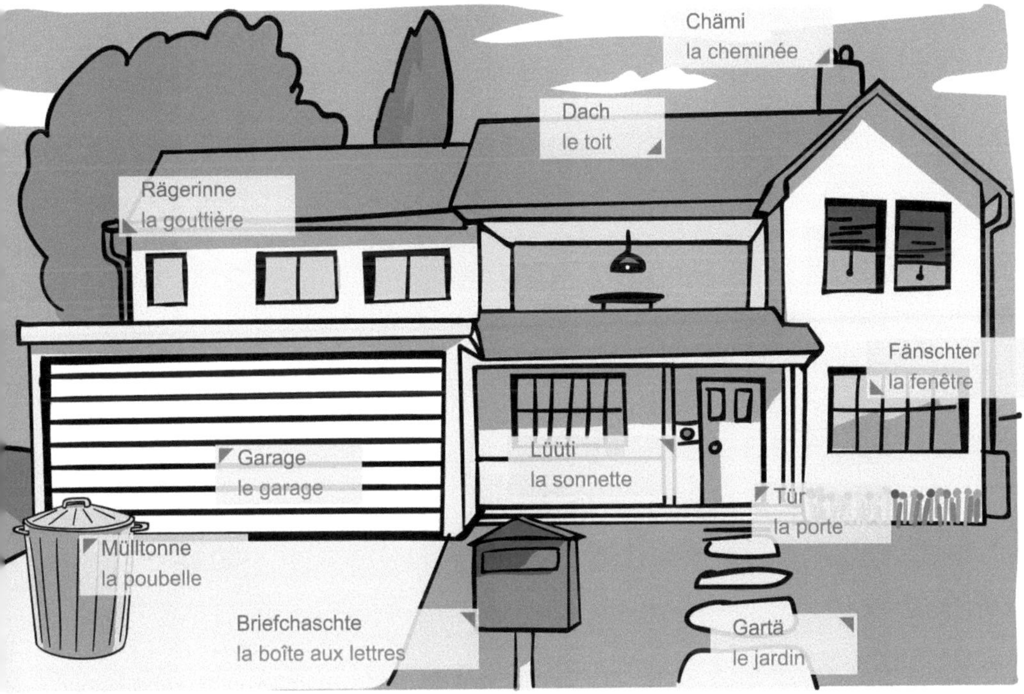

Chämi
la cheminée
Dach
le toit
Rägerinne
la gouttière
Fänschter
la fenêtre
Garage
le garage
Lüüti
la sonnette
Tür
la porte
Mülltonne
la poubelle
Briefchaschte
la boîte aux lettres
Gartä
le jardin

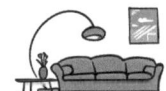

Stubä

le salon

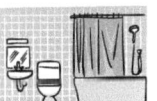

Badzimmer

la salle de bain

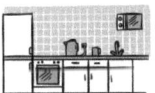

Chuchi

la cuisine

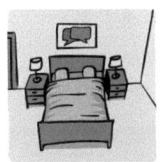

Schlofzimmer

la chambre à coucher

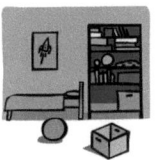

Chinderzimmer

la chambre d'enfant

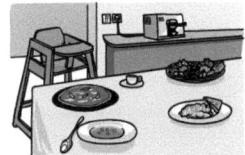

Ässzimmer

la salle à manger

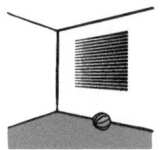

Bodä

le sol

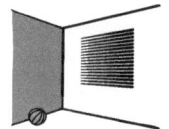

Wand

le mur

Decki

le plafond

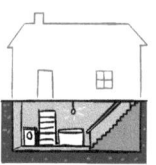

Chäller

la cave

Sauna

le sauna

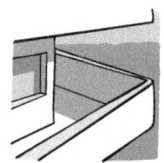

Balkon

le balcon

Terasse

la terrasse

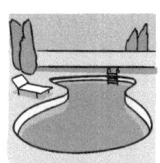

Pool

la piscine

Rasemäier

la tondeuse à gazon

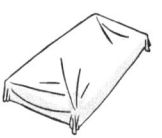

Bettbezug

la housse

Bettdecki

la couette

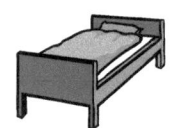

Bett

le lit

Bäse

le balai

Chübel

le sceau

Schalter

l'interrupteur

Stubä
le salon

Tapete
le papier peint
Bild
l'image
Lampä
la lampe
Regal
l'étagère
Schrank
l'armoire
Färnseh
la télé
Kamin
la cheminée
Bluamä
la fleur
Chüssi
le coussin
Sofa
le sofa
Vasä
le vase
Färnbedienig
la télécommande

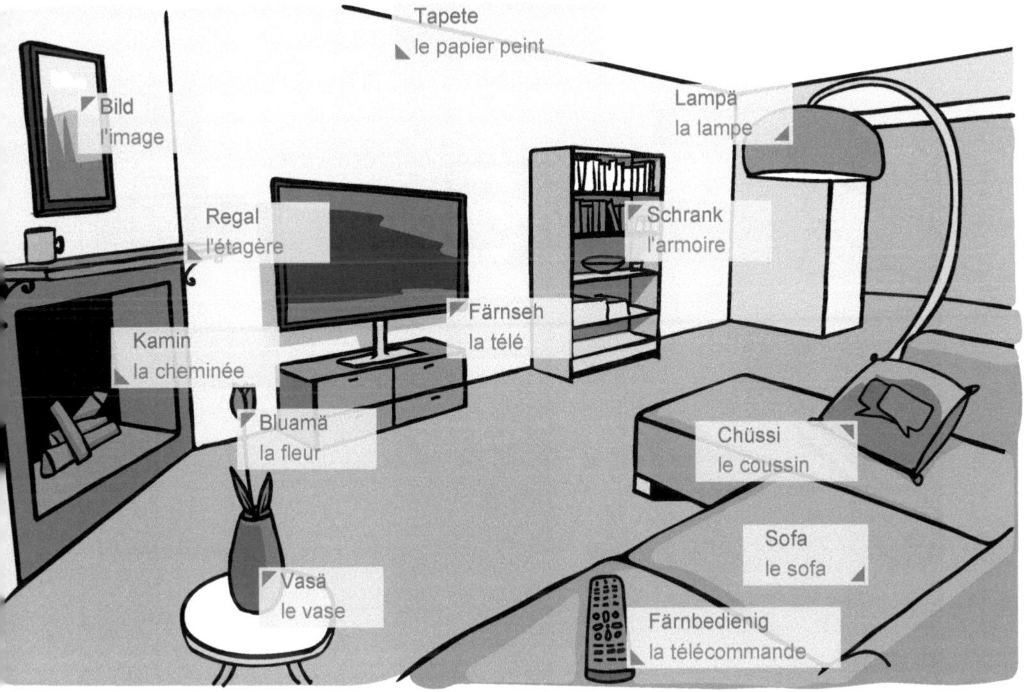

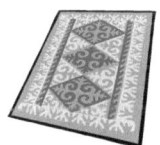

Teppich

le tapis

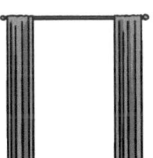

Vorhang

le rideau

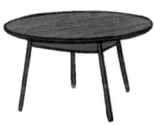

Tisch

la table

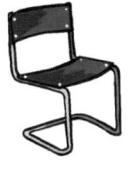

Stuehl

la chaise

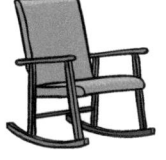

Schaukelstuehl

la chaise à bascule

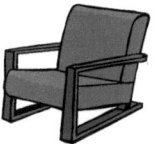

Sässel

le fauteuil

Buech

le livre

Decki

la couverture

Dekoration

la décoration

Füürholz

le bois de chauffage

Film

le film

Stereoahlag

la chaîne hi-fi

Schlüssel

la clé

Ziitig

le journal

Bild

la peinture

Poster

le poster

Radio

la radio

Notizblock

le bloc-notes

Staubsuuger

l'aspirateur

Kaktus

le cactus

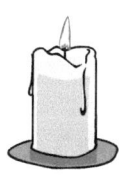

Chärze

la bougie

Chuchi
la cuisine

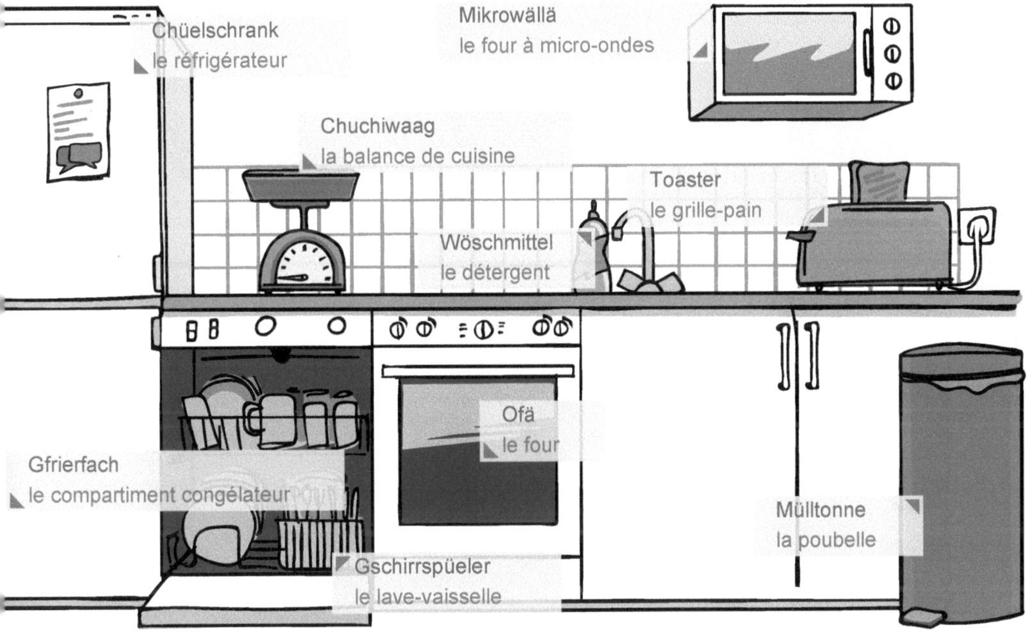
Chüelschrank
le réfrigérateur
Mikrowällä
le four à micro-ondes
Chuchiwaag
la balance de cuisine
Toaster
le grille-pain
Wöschmittel
le détergent
Ofä
le four
Gfrierfach
le compartiment congélateur
Mülltonne
la poubelle
Gschirrspüeler
le lave-vaisselle

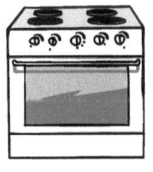

Härd
le four

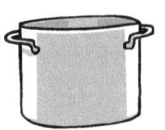

Topf
la casserole

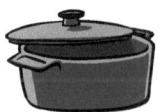

Iisetopf
la marmite

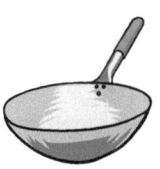

Wok / Kadai
le wok / kadai

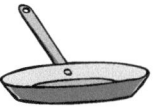

Pfanne
la poêle

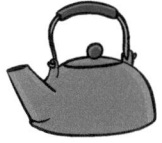

Wasserchocher
la bouilloire electrique

Dampfer

le cuiseur vapeur

Bachbläch

la plaque de cuisson

Gschirr

la vaisselle

Bächer

le gobelet

Schale

la coupe

Stäbli

les baguettes

Suppechellä

la louche

Pfannewänder

la spatule

Schneebäse

le fouet

Sieb

la passoire

Sieb

le tamis

Raffle

la râpe

Mörser

le mortier

Grill

le barbecue

Füürstell

la cheminée

Schniidbrätt

la planche à découper

Nudelholz

le rouleau à pâtisserie

Korkäzieher

le tire-bouchon

Dosä

la boîte

Dosäöffner

l'ouvre-boîte

Topflappä

les maniques

Wöschbecki

le lavabo

Bürste

la brosse

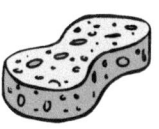

Schwumm

l'éponge

Mixer

le mixeur

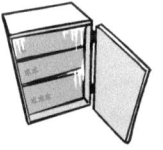

Gfrierschrank

le congélateur

Babyfläschli

le biberon

Hahnä

le robinet

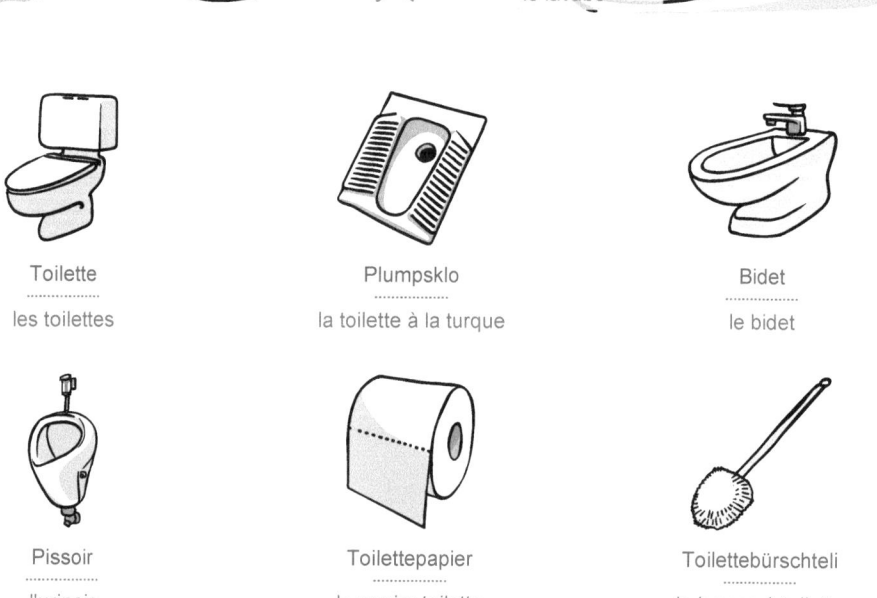

Badzimmer
la salle de bain

Heizig
le chauffage
Duschi
la douche
Handtuech
la serviette
Duschvorhang
le rideau de douche
Schumbad
le bain moussant
Badwanne
la baignoire
Glas
le verre
Wöschmaschine
la machine à laver
Hahnä
le robinet
Fliesä
le carrelage
Töpfli
le pot
Wöschbecki
le lavabo

Toilette

les toilettes

Plumpsklo

la toilette à la turque

Bidet

le bidet

Pissoir

l'urinoir

Toilettepapier

le papier toilette

Toilettebürschteli

la brosse à toilette

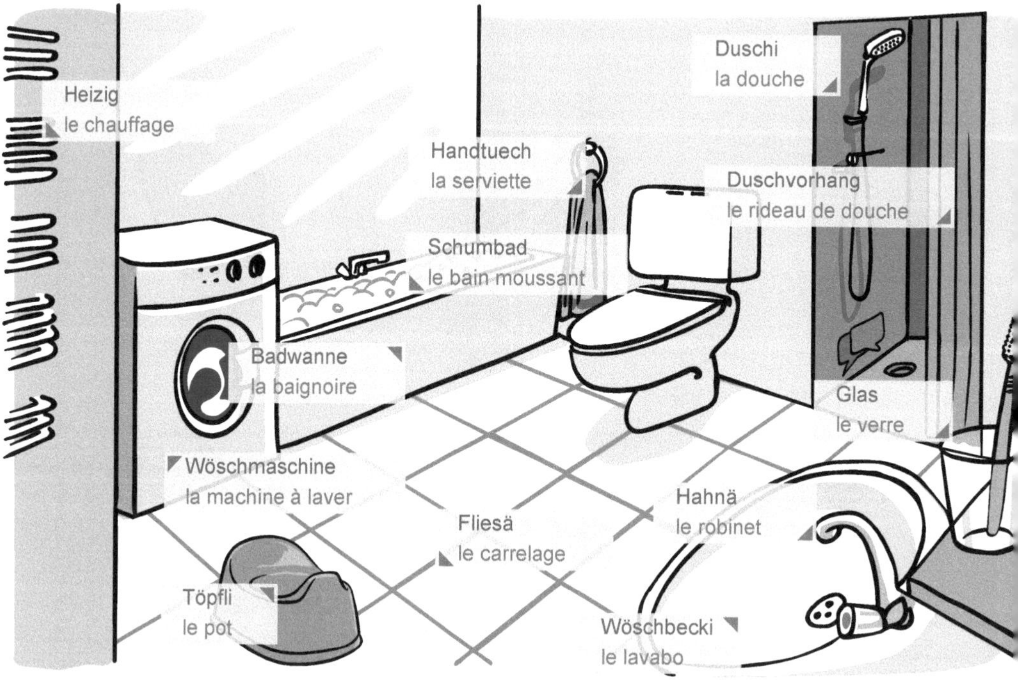

Zahbürstä

la brosse à dents

Zahpasta

le dentifrice

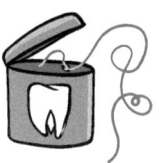

Zahnsiide

le fil dentaire

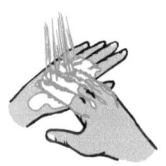

wäsche

laver

Handduschi

la douche manuelle

Intiimduschi

la douche intime

Wöschbecki

la vasque

Ruggäbürste

la brosse dorsale

Seifä

le savon

Duschgel

le gel douche

Shampoo

le shampooing

Waschlappä

le gant de toilette

Abfluss

l'écoulement

Creme

la crème

Deo

le déodorant

Spiegel

le miroir

Handspiegel

le miroir cosmétique

Rasierer

le rasoir

Rasierschuum

la mousse à raser

Aftershave

l'après-rasage

Schträäl

la peigne

Bürstä

la brosse

Föhn

le sèche-cheveux

Hoorspray

la laque pour cheveux

Makeup

le fond de teint

Lippestift

le rouge à lèvres

Nagellack

le vernis à ongles

Wattä

l'ouate

Nagelscher

le coupe-ongles

Parfum

le parfum

Necessaire

la trousse de toilette

Schemel

le tabouret

Waag

le pèse-personne

Badmantel

le peignoir

Gummihändscheh

les gants de nettoyage

Tampon

le tampon

Damebinde

les serviettes hygiéniques

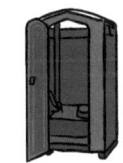

chemischi Toilette

la toilette chimique

Chinderzimmer
la chambre d'enfant

Wecker
le réveil
Kuscheltier
le doudou
Spielzügauto
la voiture jouet
Rassle
le hochet
Puppehuus
la maison de poupée
Gschänk
le cadeau

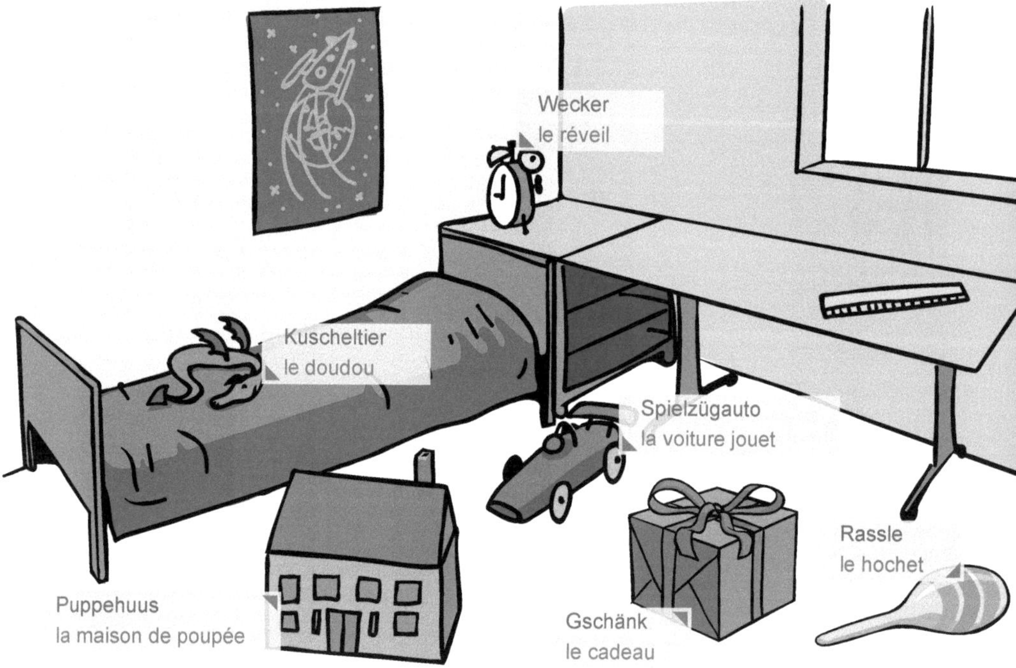

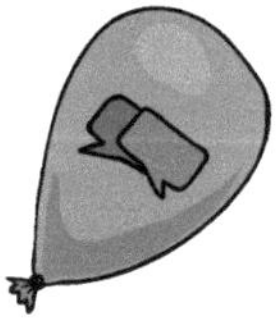

Ballon

le ballon

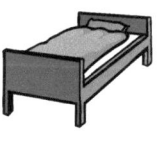

Bett

le lit

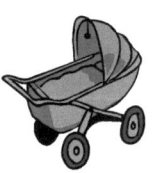

Chinderwage

la poussette

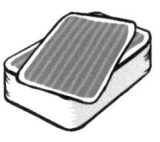

Chartespiel

le jeu de cartes

Puzzle

le puzzle

SUPER
MEGA

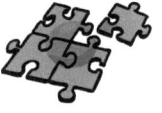

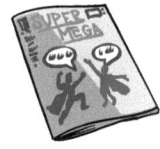

Comic

la bande dessinée

Legos

les pièces lego

Baustei

les blocs de construction

Action Figur

la figurine

Strampli

la grenouillère

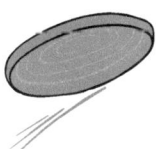

Frisbee

le frisbee

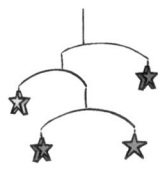

Mobile

le mobile

Brättspiel

le jeu de société

Würfäl

le dé

Modellisebahn

le train miniature

Nuggi

la sucette

Party

la fête

Bilderbuch

le livre d'images

Ball

la balle

Puppä

la poupée

spiele

jouer

Sandchaschte

le bac à sable

Gigampfi

la balançoire

Spielzüg

les jouets

Videospielkonsole

la console de jeu

Dreirad

le tricycle

Teddy

l'ours en peluche

Chleiderschrank

l'armoire

Chleidig
les vêtements

Sockä

les chaussettes

Strümpf

les bas

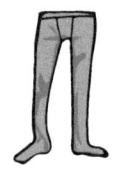

Strumpfhosä

le collant

Schal
l'écharpe

Rägeschirm
le parapluie

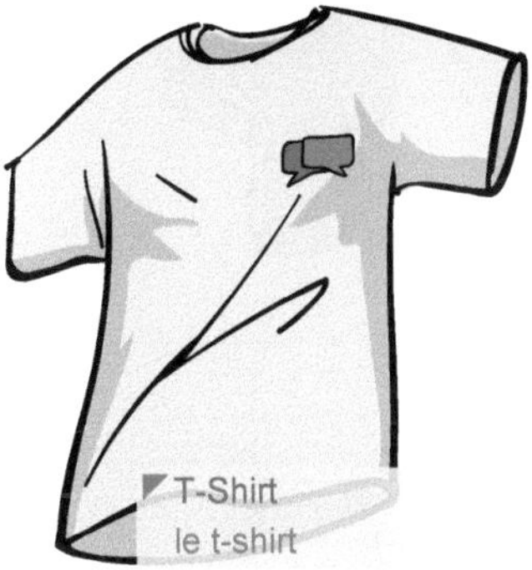

T-Shirt
le t-shirt

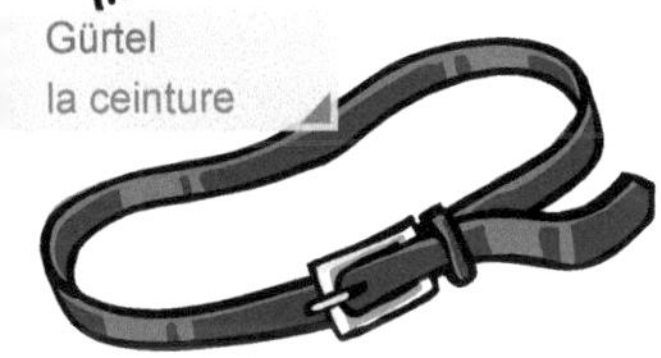

Gürtel
la ceinture

Stiefel
les bottes

Badschlappe
les pantoufles

Turnschueh
les baskets

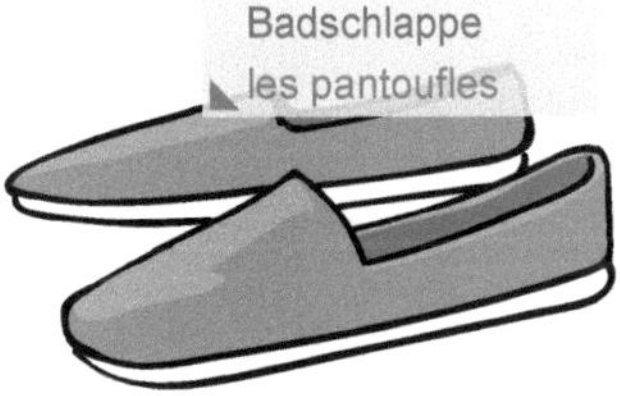

Sandalä
....
les sandales

Schueh
....
les chaussures

Gummistiefel
....
les bottes de caoutchouc

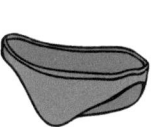

Untrhosä
....
les sous-vêtements

BH
....
le soutien-gorge

Underlibli
....
le maillot de corps

Body

le body

Hosä

le pantalon

Jeans

le jean

Rock

la jupe

Bluse

le chemisier

Hömli

la chemise

Pulli

le pull

Kapuzepulli

le sweat à capuche

Blazer

la veste

Jacke

la veste

Mantel

le manteau

Rägämantel

l'imperméable

Chostüm

le costume

Chleid

la robe

Hochziitskleid

la robe de mariée

Ahzug

le costume

Nachthömli

la chemise de nuit

Pyjama

le pyjama

Sari

le sari

Chopftuäch

le foulard

Turban

le turban

Burka

la burqa

Kaftan

le caftan

Abaya

l'abaya

Badchleid

le maillot de bain

Badhose

le maillot de bain

churzi Hosä

le short

Trainer

la tenue d'entraînement

Schürze

le tablier

Händsche

les gants

Chnopf

le bouton

Brüllä

les lunettes

Armband

le bracelet

Chetti

le collier

Ring

la bague

Ohrering

la boucle d'oreille

Chappe

le bonnet

Chleiderbügel

le cintre

Huet

le chapeau

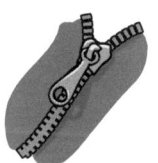

Grawattä

la cravate

Riissverschluss

la fermeture éclair

Helm

le casque

Hosäträger

les bretelles

Schueluniform

l'uniforme scolaire

Uniform

l'uniforme

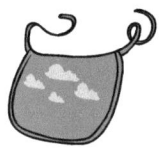

Lätzli

la bavoir

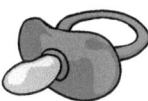

Nuggi

la sucette

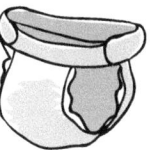

Windle

la lange

Büro

le bureau

Server
le serveur
Akteschrank
l'armoire d'archivage
Drucker
l'imprimante
Papier
le papier
Monitor
l'écran
Muus
la souris
Schribtisch
le bureau
Ordner
le classeur
Taschtatur
le clavier
Papierchorb
la corbeille à papier
Computer
l'ordinateur
Stuehl
la chaise

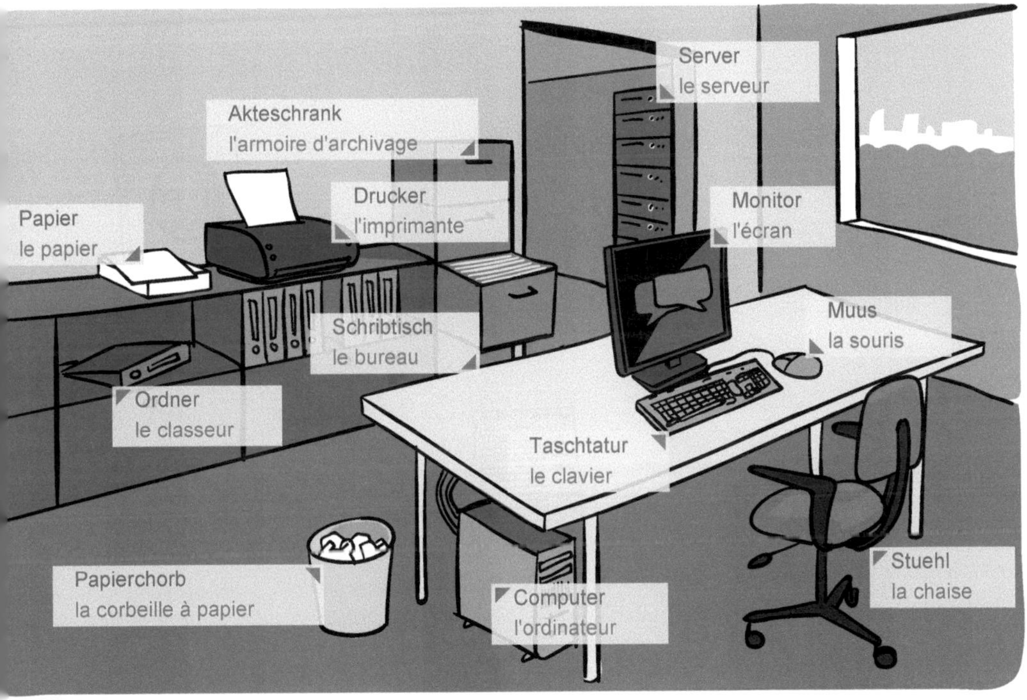

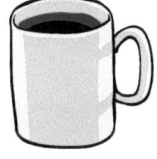

Kafibächer

la tasse de café

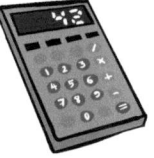

Tascherächner

la calculatrice

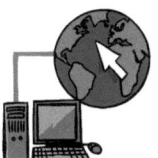

Internet

l'internet

Laptop

l'ordinateur portable

Brief

la lettre

Nochricht

le message

Mobiltelefon

le portable

Netzwärk

le réseau

Kopierer

la photocopieuse

Software

le logiciel

Telefon

le téléphone

Steckdosä

la prise

Fax

le fax

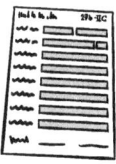

Formular

le formulaire

Dokumänt

le document

chaufe

acheter

zahle

payer

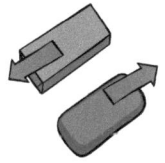

handle

faire du commerce

Gäld

la monnaie

Dollar

le dollar

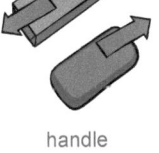

Euro

l'euro

Yen

le yen

Rubel

le rouble

Frankä

le franc suisse

Renminbi Yuan

le renminbi yuan

Rupie

la roupie

Gäldautomat

le distributeur automatique

Wächselstube

le bureau de change

Gold

l'or

Silber

l'argent

Öl

le pétrole

Energie

l'énergie

Priis

le prix

Vertrag

le contrat

Stüür

la taxe

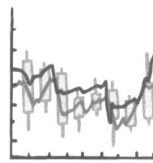

Aktie

l'action

schaffe

travailler

Mitarbeiter

l'employé

Arbeitgeber

l'employeur

Fabrik

l'usine

Gschäft

le magasin

Brüef
les professions

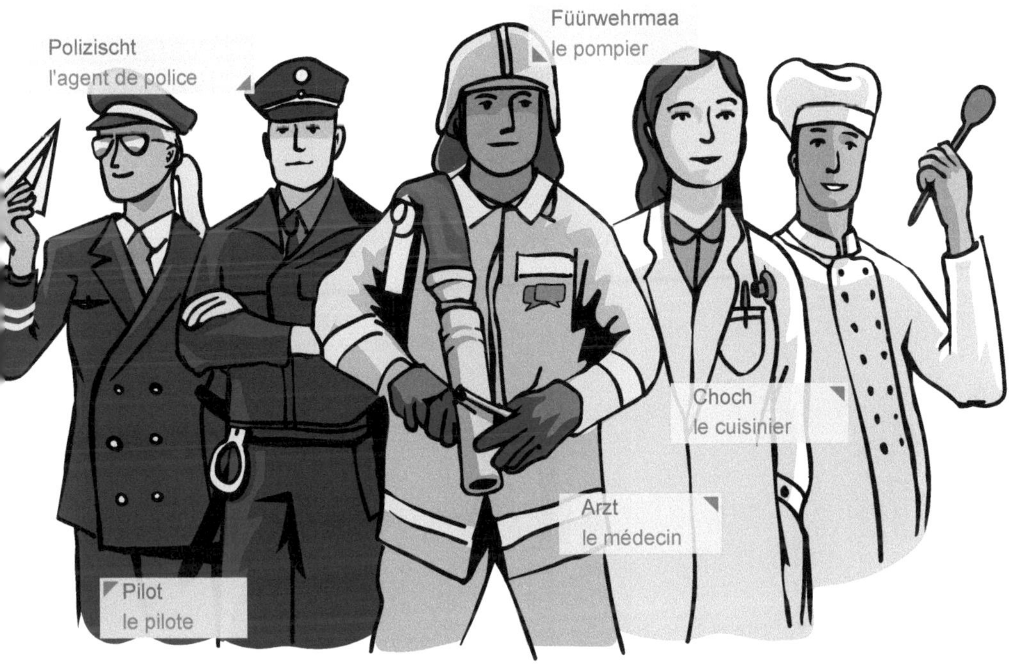
Füürwehrmaa
le pompier
Polizischt
l'agent de police
Choch
le cuisinier
Arzt
le médecin
Pilot
le pilote

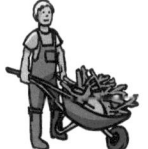

Gärtner

le jardinier

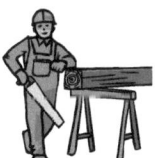

Zimmermah

le menuisier

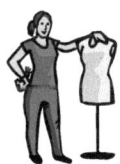

Näheri

la couturière

Richter

le juge

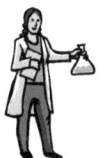

Chemiker

le chimiste

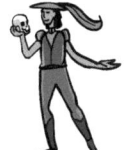

Darsteller

l'acteur

Busfahrer

le conducteur de bus

Taxifahrer

le chauffeur de taxi

Fischer

le pêcheur

Putzfrau

la femme de ménage

Dachdecker

le couvreur

Chällner

le serveur

Jäger

le chasseur

Moler

le peintre

Bäcker

le boulanger

Elektriker

l'électricien

Bauarbeiter

l'ouvrier

Ingenieur

l'ingénieur

Schlachter

le boucher

Klämpner

le plombier

Pöschtler

le facteur

Soldat
....
le soldat

Architekt
....
l'architecte

Kassierer
....
le caissier

Florischt
....
le fleuriste

Frisör
....
le coiffeur

Kontrolleur
....
le contrôleur

Mechaniker
....
le mécanicien

Kapitän
....
le capitaine

Zahnarzt
....
le dentiste

Wüsseschaftler
....
le scientifique

Rabbi
....
le rabbin

Imam
....
l'imam

Mönch
....
le moine

Pfarrer
....
le prêtre

Werkzüüg
les outils

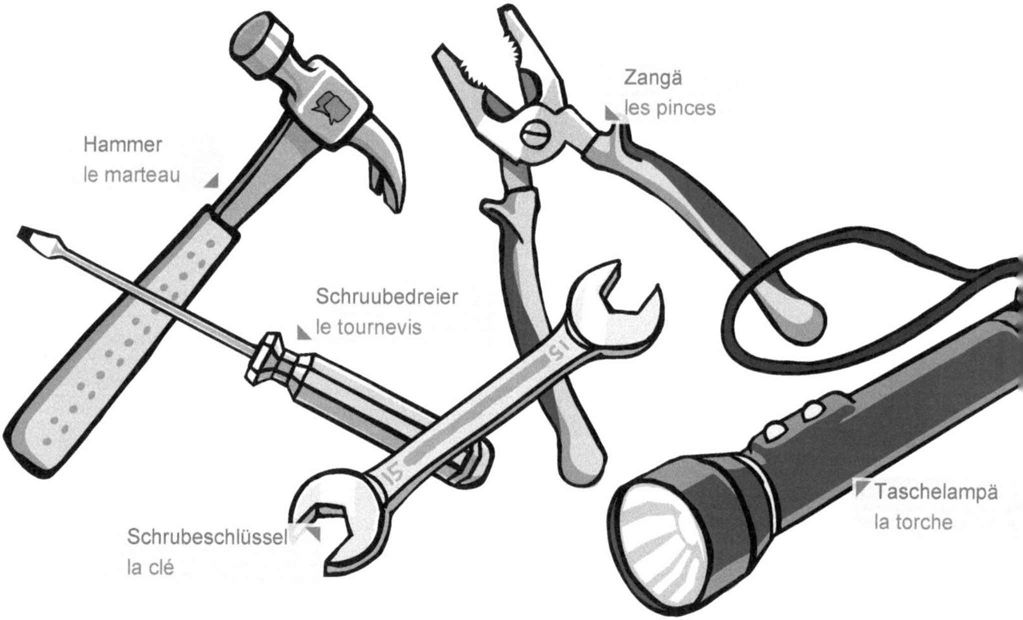

Hammer
le marteau

Zangä
les pinces

Schruubedreier
le tournevis

Schrubeschlüssel
la clé

Taschelampä
la torche

Bagger
la pelleteuse

Werkzüügchaschte
la boîte à outils

Leitere
l'échelle

Sagi
la scie

Negel
les clous

Bohrer
la perceuse

flicke
....
réparer

Schufle
....
la pelle

Mischt!
....
Mince !

Ascheschufle
....
la pelle

Farbchübel
....
le pot de peinture

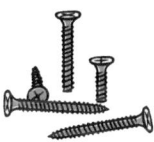

Schruube
....
les vis

Musiginstrumänt

les instruments de musique

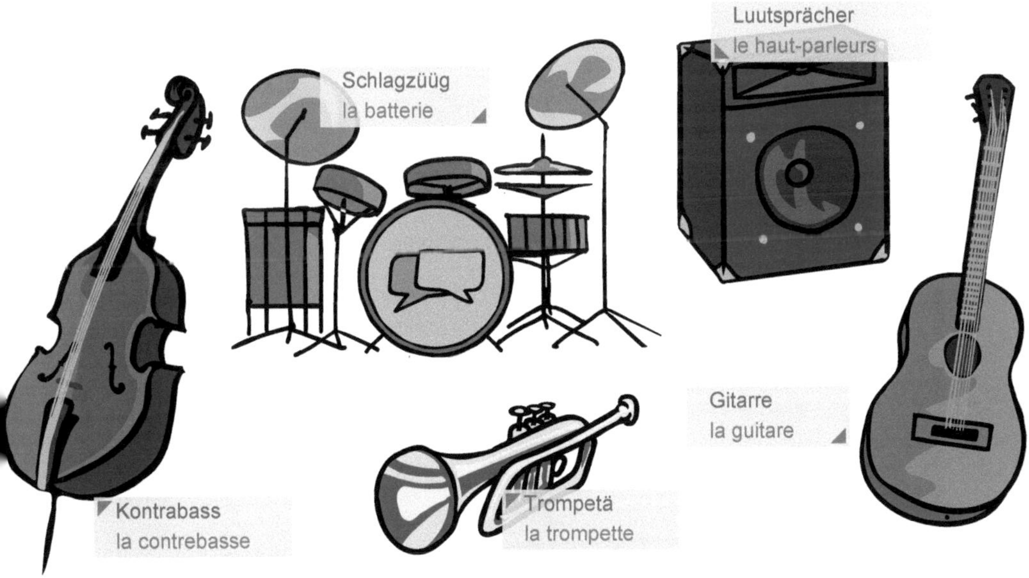

Schlagzüüg
la batterie

Luutsprächer
le haut-parleurs

Kontrabass
la contrebasse

Trompetä
la trompette

Gitarre
la guitare

Klavier

le piano

Violine

le violon

Bass

la basse

Pauke

les timbales

Trummle

le tambour

Keyboard

le piano électrique

Saxophon

le saxophone

Flöte

la flûte

Mikrofon

le microphone

Zolli

le zoo

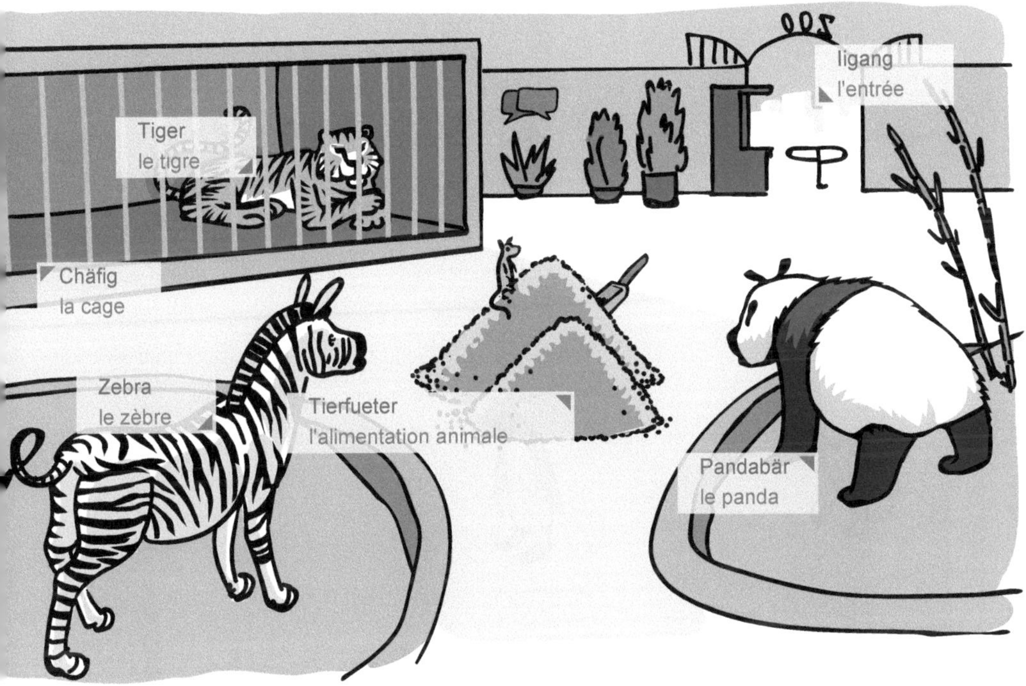

Iigang
l'entrée
Tiger
le tigre
Chäfig
la cage
Zebra
le zèbre
Tierfueter
l'alimentation animale
Pandabär
le panda

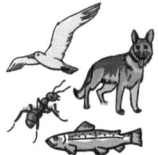

Tier

les animaux

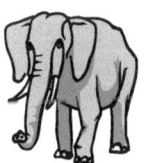

Elefant

l'éléphant

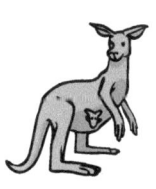

Känguru

le kangourou

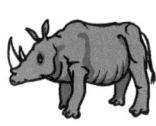

Nashorn

le rhinocéros

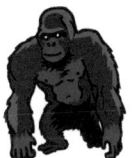

Gorilla

le gorille

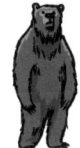

Bär

l'ours

Kamel

le chameau

Struss

l'autruche

Leu

le lion

Aff

le singe

Flamingo

le flamand rose

Papagei

le perroquet

Iisbär

l'ours polaire

Pinguin

le pingouin

Hai

le requin

Pfau

le paon

Schlangä

le serpent

Krokodil

le crocodile

Zoowärter

le gardien de zoo

Robbä

le phoque

Jaguar

le jaguar

Zolli - le zoo

Pony

le poney

Leopard

le léopard

Nilpfärd

l'hippopotame

Giraff

la girafe

Adler

l'aigle

Wildschwein

le sanglier

Fisch

le poisson

Schildkrot

la tortue

Walross

le morse

Fuchs

le renard

Gazelle

la gazelle

American Football
l'american Football

Velofahre
le cyclisme

Tennis
le tennis

Basketball
le basket-ball

Schwümmä
la natation

Boxä
la boxe

Iishockey
le hockey sur glace

Fuessball
le football

Badminton
le badminton

Liechtathletik
l'athlétisme

Handball
le handball

Skifahre
le ski

Polo
le polo

springä
sauter

umarme
embrasser

lachä
rire

singe
chanter

gah
marcher

bätte
prier

küssä
faire la bise

troime
rêver

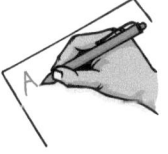

schribe

écrire

zeichne

dessiner

zeige

montrer

schiebe

pousser

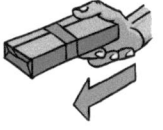

gäh

donner

näh

prendre

händ

avoir

mache

faire

sy

être

stah

être debout

laufe

courir

zieh

trier

rüerä

jeter

fallä

tomber

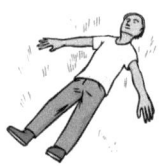

ligge

être couché

warte

attendre

träge

porter

sitze

être assis

ahzieh

s'habiller

schlafe

dormir

ufwache

se réveiller

ahluege
regarder

brüele
pleurer

striichle
caresser

bürste
peigner

redä
parler

verschtah
comprendre

froog
demander

lose
écouter

trinke
boire

ässe
manger

ufruume
ranger

liebe
aimer

chochä
cuire

fahre
conduire

flüge
voler

segle

faire de la voile

rächne

calculer

läse

lire

leerä

apprendre

schaffe

travailler

hürate

se marier

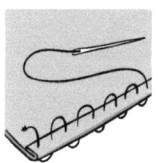

näije

coudre

Zäh putze

brosser les dents

töte

tuer

schlootä

fumer

sände

envoyer

Familiä

la famille

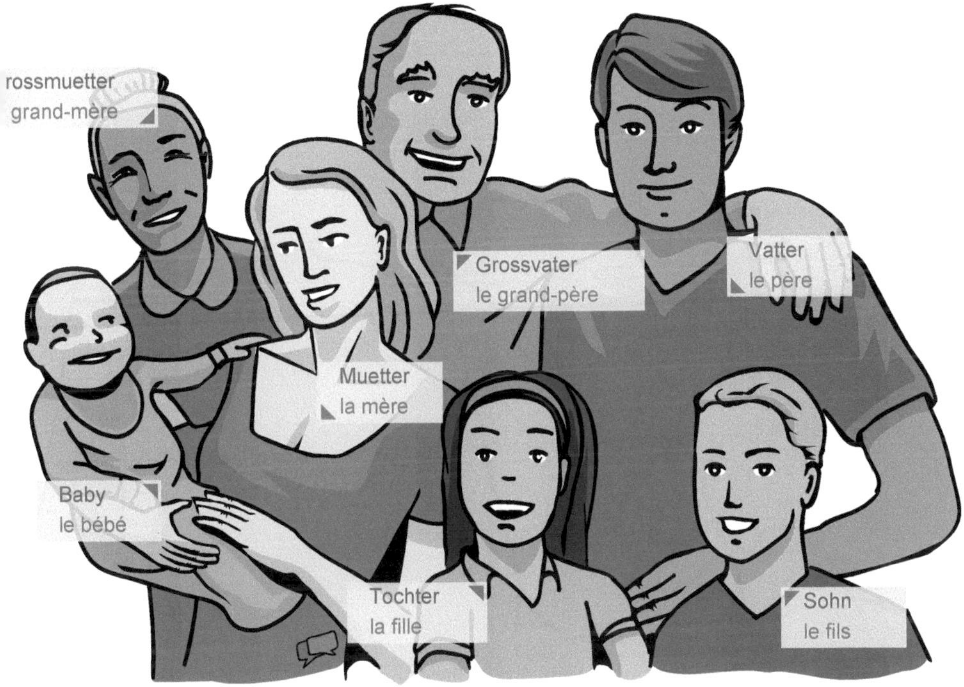

rossmuetter
grand-mère
Grossvater
le grand-père
Vatter
le père
Muetter
la mère
Baby
le bébé
Tochter
la fille
Sohn
le fils

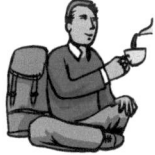

Gast

l'hôte

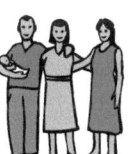

Tante

la tante

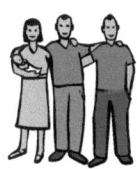

Unkel

l'oncle

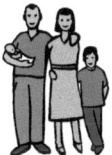

Brüeder

le frère

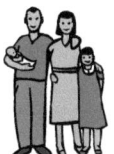

Schwöschter

la sœur

Körpär

le corps

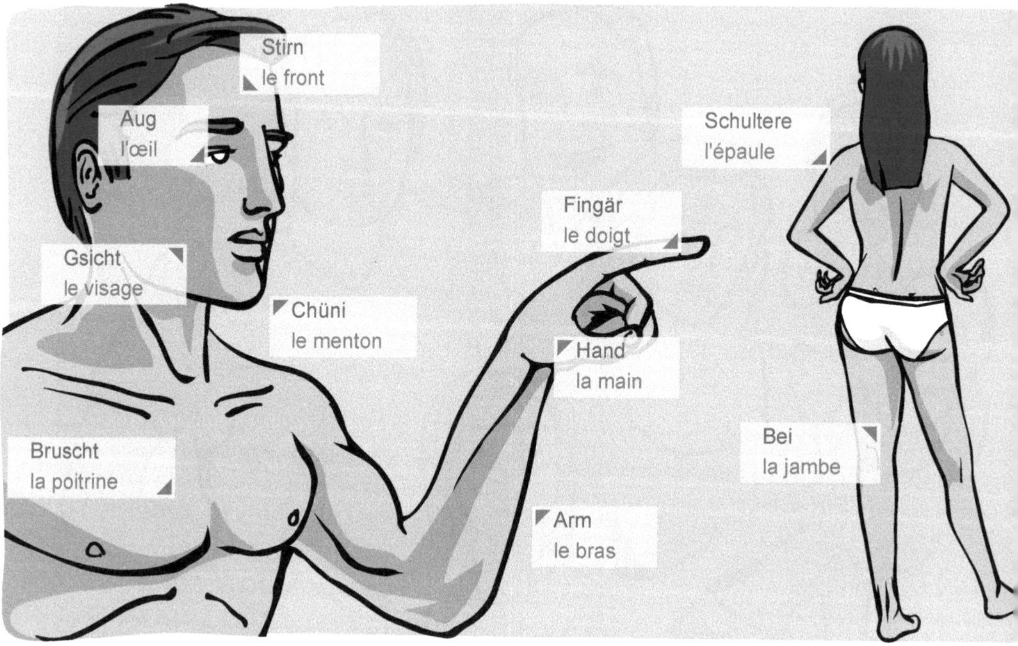

Stirn
le front

Aug
l'œil

Schultere
l'épaule

Fingär
le doigt

Gsicht
le visage

Chüni
le menton

Hand
la main

Bruscht
la poitrine

Bei
la jambe

Arm
le bras

Baby

le bébé

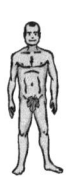

Mah

l'homme

Frau

la femme

Meitli

la fille

Bueb

le garçon

Chopf

la tête

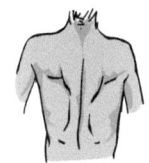

Ruggä

le dos

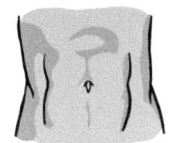

Buuch

le ventre

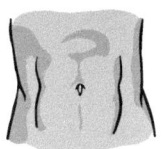

Buchnabel

le nombril

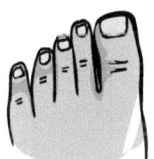

Zäche

l'orteil

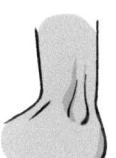

Fersä

le talon

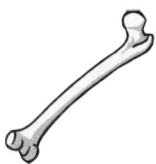

Knoche

l'os

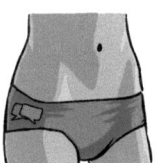

Hüfte

la hanche

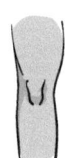

Chnü

le genou

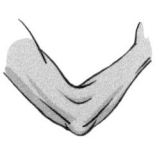

Ellbogä

le coude

Nase

le nez

Füdli

les fesses

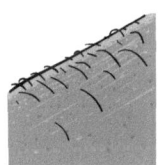

Hut

la peau

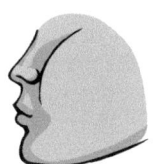

Bagge

la joue

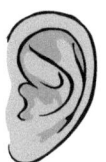

Ohr

l'oreille

Lippe

la lèvre

Muul

la bouche

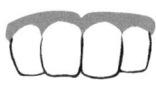

Zah

la dent

Zungä

la langue

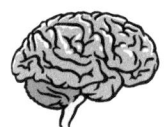

Hirni

le cerveau

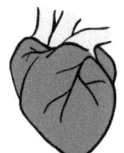

Härz

le cœur

Muskel

le muscle

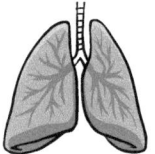

Lungä

les poumons

Läberä

le foie

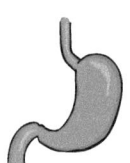

Magen

l'estomac

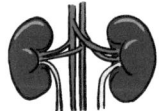

Nierä

les reins

Gschlächtsvrkehr

le rapport sexuel

Kondom

le préservatif

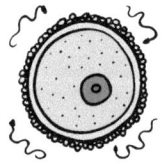

Eizälle

l'ovule

Soome

le sperme

Schwangerschaft

la grossesse

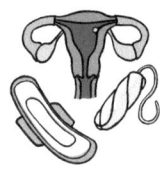

Menstruation

la menstruation

Vagina

le vagin

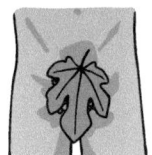

Penis

le pénis

Augebrauä

le sourcil

Haar

les cheveux

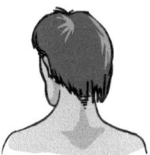

Hals

le cou

Spital
l'hôpital

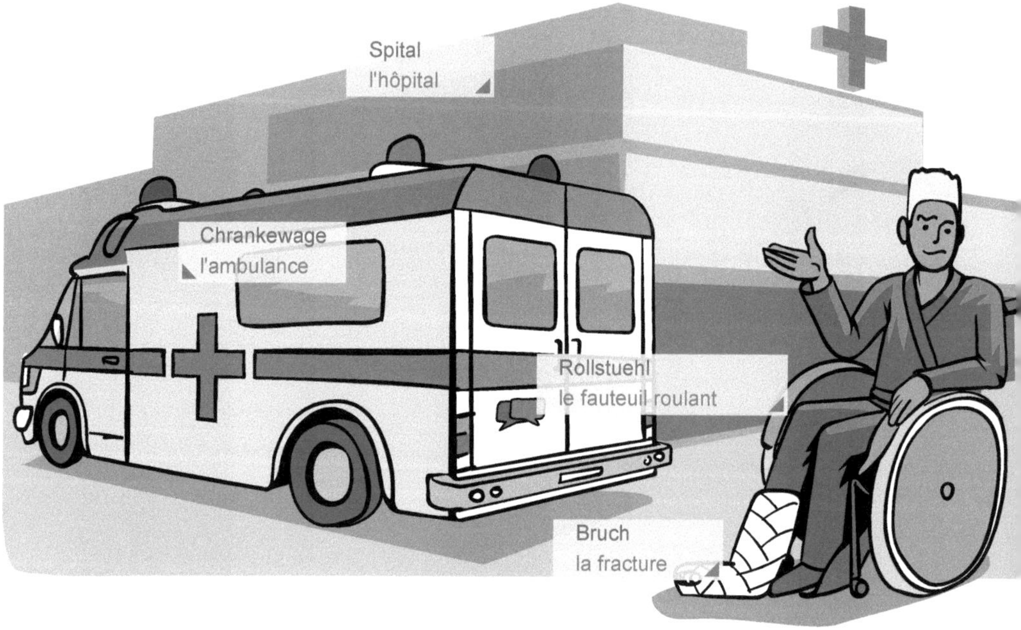

Spital
l'hôpital
Chrankewage
l'ambulance
Rollstuehl
le fauteuil roulant
Bruch
la fracture

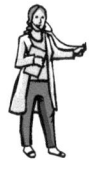

Arzt

le médecin

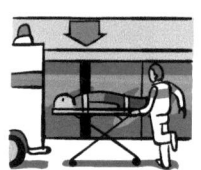

Notufnahm

le service des urgences

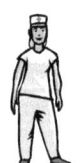

Chrankeschwöschter

l'infirmière

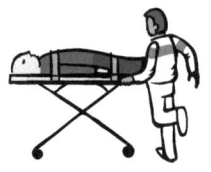

Notfall

l'urgence

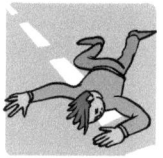

ohnmächtig

inconscient

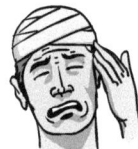

Schmärz

la douleur

Verletzig

la blessure

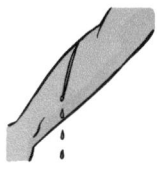

Bluätig

l'hémorragie

Härzinfarkt

la crise cardiaque

Schlagahfall

l'attaque cérébrale

Allergie

l'allergie

Hueschtä

la toux

Fieber

la fièvre

Grippe

la grippe

Durchfall

la diarrhée

Kopfschmärze

le mal de tête

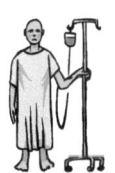

Kräbs

le cancer

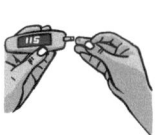

Diabetes

le diabète

Chirurg

le chirurgien

Skalpell

le scalpel

Operation

l'opération

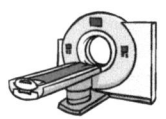

CT

le CT

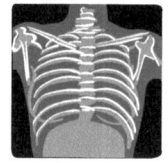

Röntgä

la radiographie

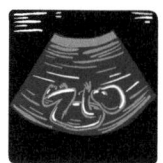

Ultraschall

l'échographie

Gsichtsmaske

le masque

Krankhet

la maladie

Wartezimmer

la salle d'attente

Krückä

la béquille

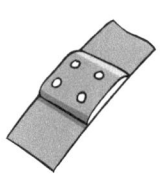

Pflaster

le pansement

Vrband

le pansement

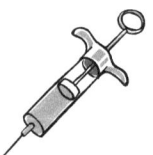

Injektion

l'injection

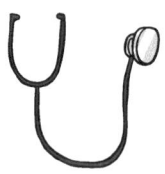

Stethoskop

le stéthoscope

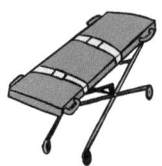

Trage

le brancard

Thermometer

le thermomètre

Geburt

l'accouchement

Übergwicht

la surcharge pondérale

Spital - l'hôpital

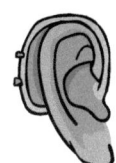

Hörgrät
l'appareil auditif

Desinfektionsmittel
le désinfectant

Infektion
l'infection

Virus
le virus

HIV / AIDS
le VIH / le sida

Medizin
le médicament

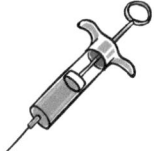

Impfig
la vaccination

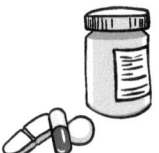

Tablette
les comprimés

Pille
la pilule

Notruef
l'appel d'urgence

Bluetdruck-Mässgrät
le tensiomètre

chrank / gsund
malade / sain

Hiufe!

Au secours !

Alarm

l'alarme

Überfall

l'assaut

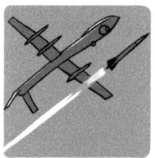

Ahgriff

l'attaque

Gfohr

le danger

Notuusgang

la sortie de secours

Füür!

Au feu!

Füürlöscher

l'extincteur

Unfall

l'accident

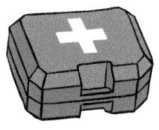

Ersti-Hilf-Koffer

la trousse de premier
secours

SOS

SOS

Polizei

la police

Europa

l'Europe

Nordamerika

l'Amérique du Nord

Südamerika

l'Amérique du Sud

Afrika

l'Afrique

Asie

l'Asie

Auschtralie

l'Australie

Atlantik

l'Océan atlantique

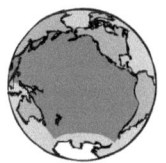

Pazifik

l'Océan pacifique

Indische Ozean

l'Océan indien

Antarktische Ozean

l'Océan antarctique

Arktische Ozean

l'Océan arctique

Nordpol

le Pôle nord

Südpol

le Pôle sud

Antarktis

l'Antarctique

Ärde

la terre

Land

le pays

Meer

la mer

Inslä

l'île

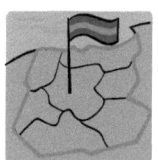

Nation

la nation

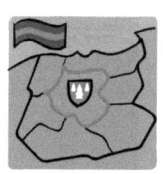

Staat

l'état

Ziffereblatt

le cadran

Stundezeiger

l'aiguille des heures

Minutezeiger

l'aiguille des minutes

Sekundezeiger

l'aiguille des secondes

Wie spaht isch es?

Quelle heure est-il ?

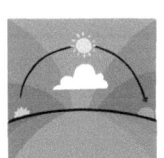

Tag

le jour

Zit

le temps

jetzt

maintenant

Digitaluhr

la montre digitale

Minute

la minute

Stunde

l'heure

Wuche

la semaine

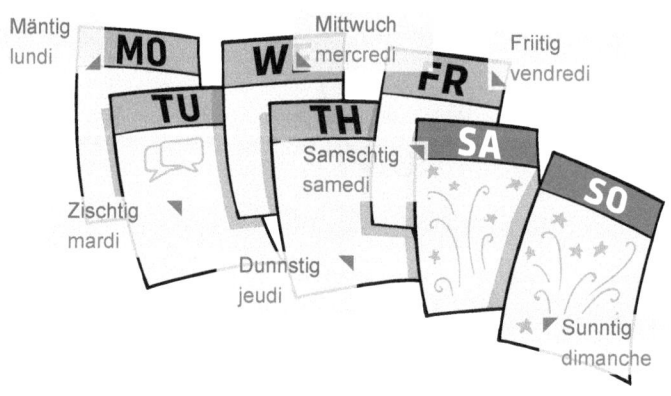

Mäntig
lundi

Zischtig
mardi

Mittwuch
mercredi

Dunnstig
jeudi

Friitig
vendredi

Samschtig
samedi

Sunntig
dimanche

geschter

hier

hüt

aujourd'hui

morn

demain

Morgä

le matin

Mittag

le midi

Aabig

le soir

MO	TU	WE	TH	FR	SA	SU
1	2	3	4	5	6	7
8	9	10	11	12	13	14
15	16	17	18	19	20	21
22	23	24	25	26	27	28
29	30	31	1	2	3	4

Wärktag

les jours ouvrables

MO	TU	WE	TH	FR	SA	SU
1	2	3	4	5	6	7
8	9	10	11	12	13	14
15	16	17	18	19	20	21
22	23	24	25	26	27	28
29	30	31	1	2	3	4

Wuchenänd

le week-end

Räge
► la pluie

Rägeboge
► l'arc-en-ciel

Schnee
la neige

► Wind
le vent

► Früelig
le printemps

Herbscht
l'automne

Summer
l'été

Winter
l'hiver

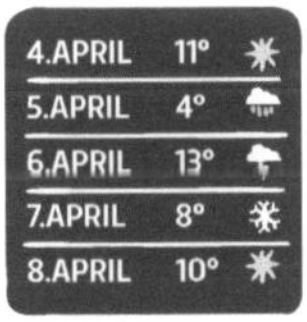

4.APRIL	11°	☀
5.APRIL	4°	☁
6.APRIL	13°	⛅
7.APRIL	8°	❄
8.APRIL	10°	☀

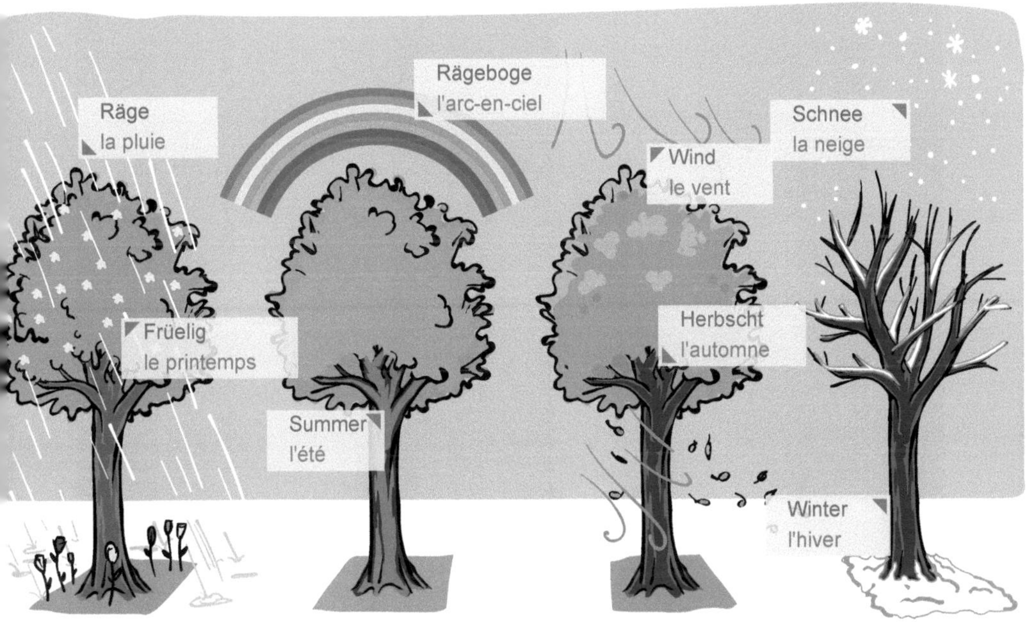

Wättervorhärsag

la météo

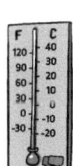

Thermometer

le thermomètre

Sunneschiin

la lumière du soleil

Wolkä

le nuage

Näbel

le brouillard

Fiechtigkeit

l'humidité

Blitz

la foudre

Dunner

la tonnerre

Sturm

la tempête

Hagel

la grêle

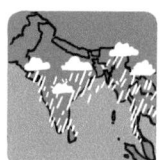

Monsun

la mousson

Fluet

l'inondation

Iis

la glace

Januar

janvier

Februar

février

März

mars

April

avril

Mai

mai

Juni

juin

Juli

juillet

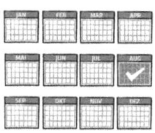

Auguscht

août

Septämber
....
septembre

Oktober
....
octobre

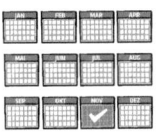

Novämber
....
novembre

Dezämber
....
décembre

Forme
les formes

Kreis
....
le cercle

Quadrat
....
le carré

Rächteck
....
le rectangle

Dreieck
....
le triangle

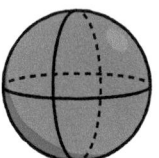

Chugele
....
la sphère

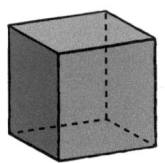

Würfel
....
le cube

wiss

blanc

gäl

jaune

orange

orange

pink

rose

rot

rouge

liila

violet

blau

bleu

grüen

vert

bruun

marron

grau

gris

schwarz

noir

viel / wenig

beaucoup / peu

hässig / ruhig

fâché / calme

hübsch / hässlich

joli / laid

Ahfang / Ändi

le début / la fin

gross / chli

grand / petit

hell / dunkel

clair / obscure

Brüeder / Schwöschter

frère / soeur

suuber / dräckig

propre / sale

vollständig / unvollständig

complet / incomplet

Tag / Nacht

le jour / la nuit

tot / läbig

mort / vivant

breit / schmal

large / étroit

ässbar / nid ässbar

comestible / incomestible

bös / fründlich

méchant / gentil

uffreggt / glangwilt

excité / ennuyé

dick / dünn

gros / mince

zerscht / zletscht

le premier / le dernier

Fründ / Find

l'ami / l'ennemi

voll / läär

plein / vide

hart / weich

dur / souple

schwer / liecht

lourd / léger

Hunger / Durscht

faim / soif

chrank / gsund

malade / sain

illegal / legal

illégal / légal

intelligänt / gatz

intelligent / stupide

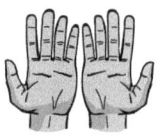

links / rächts

gauche / droite

nöch / wiit weg

proche / loin

neu / bruucht

nouveau / usé

nüt / öpis

rien / quelque chose

alt / jung

vieux / jeune

ah / uss

marche / arrêt

offe / zue

ouvert / fermé

lislig / luut

faible / fort

riich / arm

riche / pauvre

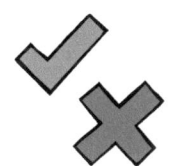

richtig / falsch

correct / incorrect

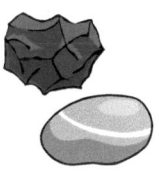

rau / glatt

rugueux / lisse

truurig / glücklich

triste / heureux

churz / lang

court / long

langsam / schnäll

lent / rapide

nass / trochä

mouillé / sec

warm / chalt

chaud / froid

Chrieg / Friede

la guerre / la paix

Zahlä

les nombres

0

Null

zéro

1

eis

un / une

2

zwei

deux

3

drü

trois

4

vier

quatre

5

foif

cinq

6

sächs

six

7

sibe

sept

8

acht

huit

9

nün

neuf

10

zäh

dix

11

elf

onze

12

zwölf
....
douze

13

drizäh
....
treize

14

vierzäh
....
quatorze

15

füfzäh
....
quinze

16

sächzäh
....
seize

17

siebzäh
....
dix-sept

18

achtzäh
....
dix-huit

19

nünzäh
....
dix-neuf

20

zwänzg
....
vingt

100

Hundert
....
cent

1.000

Tuusig
....
mille

1.000.000

Million
....
le million

Änglisch

l'anglais

Amerikanischs Änglisch

l'anglais américain

Chinesisch Mandarin

le chinois mandarin

Hindi

le hindi

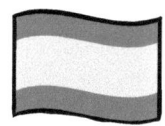

Spanisch

l'espagnol

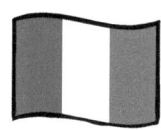

Französisch

le français

Arabisch

l'arabe

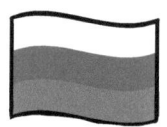

Russisch

le russe

Portugiesisch

le portugais

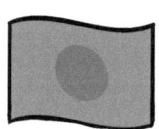

Bengalisch

le bengali

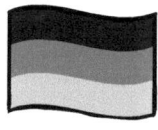

Dütsch

l'allemand

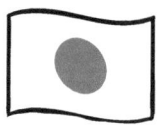

Japanisch

le japonais

ich

je

du

tu

♂ ♀ ○

är / sie / es

il / elle / ce, c', cela

mir

nous

ihr

vous

sie .

ils / elles

wär?

Qui ?

was?

Quoi ?

wie?

Comment ?

wo?

Où ?

wänn?

Quand ?

Name

le nom

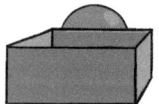

hinder
....
derrière

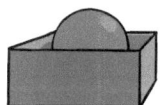

in
....
dans

vor
....
devant

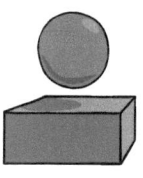

über
....
au-dessus

uf
....
sur

under
....
en-dessous

näbe
....
à côté de

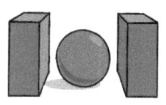

zwüsche
....
entre

Ort
....
le lieu